둥근 바깥

# 둥근 바깥

김영곤 시집

포지션

* 한 연이 다음 쪽의 첫 행에서 시작될 때는 '〉'표시를 함.

시
인
의
말

터널에서
나간다고 생각했지만
언제나
그림자의 의지로
둥근 바깥을 열고 들어가는
나를 발견한다.

바깥 터널은
늘 대기 불안정한 날씨이다.
그때마다
태풍의 눈 사이로
비로소 인간으로 보이기 시작하는
나에게로 떠나곤 한다.

2018년 가을
김영곤

차례

### 제1부

별빛 사과　12
마법 걸린 터널　14
터널　16
고목 터널　18
잠자는 얼굴　20
촛농이 녹는 동안　22
두두　24
벽을 드나드는 남자　26
구멍1　28
구멍2　30
바깥에서　31
무의 세계　32
뒷모습　34
화석　36
환승　38

## 제2부

상자　42

토마토　44

담淡　46

야생　48

점　50

발톱　52

모르는 귀　54

매듭　56

스마일 마스크　58

봄의 헤어샵　60

편백나무 자서전　62

팔아버린 금성라디오　64

그곳에서　65

꼬마 눈사람　66

신발 공장　68

## 제3부

따르다 72

호랑거미 형식으로 74

항아리 76

거울의 바닥 78

샌드 아트 80

가면과 나 사이 82

거울 신문을 읽다 84

감 86

종이 87

애기똥풀꽃 88

갈대가 온다 90

연 92

그녀가 있다 94

달팽이 집 96

돌의 향기 98

## 제4부

큰가시고기　100

송이도松耳島　102

바둑 판소리　104

하이파이브　106

햇살을 쬐며　108

나뭇잎　110

모기　111

옹이　112

절벽 소나무　114

착시, 밀레의 만종을 보며　116

바보, 바보　118

춤을 추며　120

O형 구름　122

변성암　124

벽이 잠기다　126

**해설** 둥근 바깥으로의 질주, 구멍을 품다 | 박선경　128

제1부

# 별빛 사과


사과처럼 가만히 앉아 있으시오*

사과 한 알을 깎고 있다

사과의 피가 흐르고 있습니까 아직도 사과의 바깥입니까
밀어내고 있다
매순간 사과에게로 떠나지만

별 모양의 씨방이 펼쳐진다

사과처럼 앉아 있는 당신은
사과가 아니다 그 사과는 언제나 시간의 맨 앞에 있다
그 사과에 닿으려고 할 때마다
활시위를 당기는 듯 짜릿한 야성의 맛

당신은 야생사과처럼 뿌리 깊게 앉아 있다

비탈을 꽉 쥐고 있는
나를 향해 손을 뻗고 있다
툭 튀어나올 듯,
칼날처럼 아름다운 별빛으로

* 화가 세잔이 초상화를 그릴 때 볼라르에게 했던 말.

# 마법 걸린 터널

매화나무 고목 가운데 터널이 있다
매화는 자꾸만 바깥으로 나가려고 한다
수천 개의 눈이 회오리친다
가지 끝의 불그레한 봄들이
한 잎 한 잎 내려다보고 있다,

두 발 달린 벌떼들

터널 속으로 들어간다
안으로 안으로 불멸의 순간인 듯
굉음을 내며 빨려 들어간다
채우고 채워도 뒤집으면
텅 빈 구멍
꼭 쥐면 어둠이 길어진다
구멍의 구멍에 매달린 손가락들
갈라지고 막히는 구간마다
더 매달린다 발밑 바깥으로

꿀이 새어나가는 줄 모르고

누군가를 끄집어낸다
건져도 건져도 줄어들지 않는다

터널 너머로 뭉그러진 매화가
서서히 부서지고 있다

# 터널

하루에도 수십 터널을 지난다
바람도 저마다의 터널을 지난다
천천히 나오는 사람은 그림자가 쇠처럼 눌린다
무척산터널을 통과할 때
내 속에 자라고 있는 한 그루의 아버지
귀가 때마다 목재소에서 그림자처럼 끌고 왔던 톱밥들
그 식은 밥으로 우린 비탈진 산을 넘었다
이젠 무척산에 묻혀 터널을 품었다

  병실에서 나무의 식은 손을 만져본다 절단된 둘째손가락, 벌거벗은 터널이라고 읽어본다 손가락이 없다는 건 톱밥이 없다는 것, 방아쇠를 당기는 부위 여태껏 아무도 묻지 않았다
  심장 박동으로만 행간을 읽을 수 있는 아버지
  저 왔어요, 한마디에
  잠시, 진한 나무 냄새가 났다

마지막 터널에서 톱밥 화르르 담겨지는 항아리,
출구가 일출처럼 무척 환하다

# 고목 터널

나무의 뚫린 몸 사이로 차가 다닌 적이 있었다
벌목 가치가 없다는 이천삼백 년 수령의 고목*
밑동 부위를 덜어내고 터널로 변신했다
고목 터널을 보려고 세계로부터 사람들이 몰려왔고
저마다 새처럼 터널을 통과했다
찰칵, 웃음 터뜨리며 새롭게 태어나는 기분으로
산불이나 벼락의 위협에도 끄떡없던 고목이
점점 발목이 쑤시며 휘청해졌다
폭설의 무게를 악물고 오랜 세월 고민하다가
마침내, 높이를 지워낸 삶을 선언했다
제 몸을 단번에 뿌리 뽑아
털썩, 숲속에 거대한 곤충 왕국을 세웠다
철옹성 같았던 수피의 문을 서서히 열자
바닥을 떠돌던 수많은 노동자들이 입성한다
사슴벌레, 장수하늘소, 장수풍뎅이들이
터널을 뚫고 알을 슨다 애벌레들이
나무 속살을 먹는 만큼 터널이 자란다

그들은 터널을 뚫어야 하는 존재이면서
무수한 주검의 터널을 통과해야 한다
우주의 한 그루 지구에서
수십억 생사의 손길에 따라
여기저기 끊임없이 터널이 뚫리고 있다

\* 미국 캘리포니아 요세미티 공원의 와워나 나무. 87년간 터널로 이용되다가 쓰러짐.

# 잠자는 얼굴


왜 우주에다 걸었나 살점 없는 저 얼굴들
체온 오천 도의 가스구름들*

그곳은 내가 버린 얼굴들이었으므로
사지를 다 잃은
먼지 거품으로만 견디는
터널 같은 눈동자 잿더미 같은 입술

묻고 싶었다, 언제쯤 이 얼굴을 멈출 수 있는지를

해골 윤곽이 설핏 보이는 건
소용돌이치는 블랙홀 때문

전속력으로 단번에 빨려들고 싶어요

그가 나를 겨눌 때마다
온전한 과녁이 되려고 뒤통수에 싱싱한 빛을 당겨 밝

힌다
 내가 잠깐씩 잠들 때마다 휘발되는
 에베레스트산 질량의 절망들

\* 페르세우스자리 은하단

# 촛농이 녹는 동안

 그 서슬 푸른 터널을 어떻게 견뎌왔을까 천 겹으로 곰삭힌 불씨를 가졌나 제 몸을 장작 삼아 꽃을 피우고 싶었나 단풍은, 손바닥만한 불꽃 하나만으로도 골목길의 이마가 따뜻해 빨간 입술 하나만으로도 진흙 같았던 시선을 꿈틀거리게 해 절망이 모자랐던 골방에서 내게 부치지 못했던 편지인지 몰라 너무 많아져 버린 내가 심지 없는 촛대처럼 누운 자리에 단풍 한 페이지가 불 지피며 같이 눕고 있다

  물컹해지는 촛농이 녹는 동안
  꿈틀거리며 점점 자라는 진흙
  누군가 가슴을 지그시 밟고 있다

 아주 잠깐 세상은 격렬한 독자가 된다고 믿는다
 한 그루의 촛불이 제자리를 되찾는 것은
 골목길로 젖어오는 당신의 눈길 때문이라고 믿는다
 아스팔트 위로 닳아지도록 단풍을 굴려대는 벚나무

의 말도 믿는다
　푸른 각서만 쓰면 언제든지 불을 지펴준다는 바람의 칼날도 믿는다
　꼭 다시 돌아오겠다고 바스락거리는 당신의 주검도 믿는다
　믿는 자에게는 능치 못할 일이 없다는 말씀은
　지푸라기처럼
　죽지
　않는다

# 두두*

태초의 흙은 너무 먼 곳에 있다
시간은 사람을 대지 위에 부려놓고
째깍째깍 흙으로 돌아오길 기다린다

내가 왜 여기에 와 있나요
끊임없이 되묻지만 시간은
초침 터널을 입에 물고
사람 한 타래, 심연으로 내던진다
한 번쯤은 이런 뼈아픈 감옥에 갇혀야 해

한사람이 구석에 납작 붙어 울고 있다
내가 왜 자꾸 사라지나요, 묻다가 시간에 파묻힌다
눈에서 흙이 되지 못한 모래가루가 흐른다
손가락 사이로 가루가루 부서지는 눈물들
어떤 모래는 너무 단단해서 긁히며 울 수밖에 없다

다시, 한 사람을 품으로 끌어당긴다 두두 여럿이 되

어 딸려오는
　흙빛 기억들
　아기 냄새가 물씬 피어오르고
　나는 도대체 누구인가요
　기억들이 흙이 될 때까지 시간은 놀이를 멈추지 않는다

* 아이가 엄마와의 분리 상황에서, 장난감, 엄마 옷 같은 심리적인 안정감을 제공하는 대상을 말하는 것(프랑스어), 또는 두두물물의 두두.

# 벽을 드나드는 남자*

세 발걸음 이상 떼면 워킹이다
드리블을 하다가 농구공을 쥔 채
패스나 슛을 하기까지

두 번째 발걸음을 사용했을 즈음
절벽 같은 손사래가 난무한다
낯선 몸짓으로만 뚫리는 길
끈질긴 장대의 벽이
공의 통로를 막거나 가로채려 한다
바닥에 튕길 기회조차 없을 때
첫 번째 발을 회전축 삼아
한순간 돌아 나와야 한다
멈추거나 머뭇대는 순간
까마득한 벼랑으로 추락한다

주심이 휘슬을 불기 전에
회심의 터닝슛을 날리는 순간에야

잠시 드나들 수 있는 벽

이젠 전속력으로 내가 벽이 된다
그를 축으로 손을 뻗고
집요하게 회전해야 한다

* 마르셀 에메의 소설 제목.

# 구멍 1

재봉틀 같은 쌘비구름이 오래 머물러 있다
자정의 하늘에
심장은 차갑고 발만 따뜻하다
몰래 우는 하늘을 문지르는 천둥소리
밤새 뒤척이던 창문이
잠시 얇은 잠을 끌어당겨 덮고 있다

한쪽으로만 돌고 있는 굵은 시계 소리
창틀 너머의 별
들들들들
몸의 공허를 둥글게 박음질하는
빗소리 시계 소리

들린다 천둥처럼 귀를 밝혀 들고
재봉실 퍼붓는 소리만 따라
뒤쫓아가듯 돌고 있다 달달달달
한 점 한 점 채워지는 부신 발자국들

점점이 부풀어 오르는 달,

암흑의 뼈 발라낸 하늘의 구멍

그 황홀에 취해 팽글팽글 바늘을 돌렸었지
달이라고 믿다가 시계에 빠지곤 했었지

싱싱해지는 달의 빛줄기
창문에 포개는 달의 입술

구름 같은 귀가 달의 동선 따라 째깍째깍 걷고 있다

# 구멍 2

꿰매고 싶다
훤히 들여다보이는 구멍
왜 이렇게 되었을까
팔천 명의 목숨이 갈라진 구멍 속으로 사라지고
오십만 채의 생활이 낙엽처럼 떨어진 네팔의 작은 마을

한 여인의 슬픔에 신발 구멍이 붙어 있다
숭숭 뚫렸으나 한 토막의 울음도 새지 않는다
부르면 금방 꽃필 것 같은 이름을
한 자 한 자 허공 뼈에 짚고 있다

가파른 뒷모습
펄펄 끓는
바늘귀에 끊겼던 세월을 다시 이어 끼우고
낙엽 사이로 온기가 줄줄 새는 구멍
꿰매고 싶다
어둠이 다 지워질 때까지

# 바깥에서


들짐승처럼 길들여진다

하루의 절반은 너를 잡기 위해 나를 돌린다 돌리는 중이다 돌리다가 도로 잡힌다 이미 사로잡혀 있으면서 이미 잡고 있는 중이다 잡으면 잡을수록 더 사나워진다 덥석 손목이 물린다 철철 피가 뿜어나도 그대로 둔다 야생의 이빨에게 다시 나를 미끼로 던져둔다

하루의 절반은 바깥에 서 있다
너의 안으로 갇히기 위해

너는 더 이상 바깥이 아니다 죽지도 않고 멈추지도 않는 야생이다 서슬푸른 칼날이며 문을 여는 손잡이다
문을 열면 열려야 할 바깥이 끊임없이 다시 쏟아져나오고
나는 언제나 바깥에 있는 중이다

## 무의 세계

안에 있을까 밖에 있을까
조금 떨어져서 보면 우린 같은 배경인데
흙 속의 너는
흙을 찢으며 밀어내며 때론 흙을 씹으며 서서히
세상이 모르는 둥근 화음으로 자라고 있다

 세상은 진흙에 불과하다* 매일의 진흙 반죽이 끝나면 설명서에 가까워지려는 내가 있다 시간이 라벨처럼 붙어 있었지만 어떤 시간도 없다 우린 소통하지만 말을 주고받은 적은 없다

 밖에 있을까 안에 있을까 너와 나 사이에
　진흙을 빚어 굴리며 뛰노는 아이들이 끝없이 쏟아져 나온다

 누군가가 태엽처럼 돌리다가
　단번에 뽑는다

안과 밖이 뒤섞인다
뽑힌 것은 너일까 나일까
아니면 구멍이었을까










* 레오파르디 시인의 시구.

# 뒷모습


목발에 갇힌 너
갑자기 사라졌다

서서히 쪽방 가게에서 나타나는
너의 얼굴

내리막길에서
얼음의 두개골을 쪼개려는 듯
목발로 후려치며 얼마나 담금질해왔는지
이제 다시 돌아온 너에게서
웅숭깊은 새소리가 난다
길 위의 시선들을 끌어모은다

팥빙수를 만들러 돌아서는
너의 뒷모습,
예전의 기억과 똑같았다

여전히 너를 끌어내리고 있는 밑바닥
너를 잃어버리는 각도로
목발을 쏘아붙여야 새처럼 솟구칠 수 있다

잘게 쪼개진 얼음 가루가
입속으로 차갑게 녹는다
바깥 테이블에는
백 보만 걸어도 다리가 얼어붙는다는
너의 재혼남이 새장처럼 앉아 있다

목발에 갇힌 새소리

# 화석

길은 막혔고 속력을 냈다
모두가 한 방향으로 길을 잃는다
다섯 시간이 풍화되는 동안
엔진과 신경이 벌겋게 과열되었다
공연 시간은 이미 지났다
기다리다 낯선 관객들은 떠나버렸다
빈 트럭 같은 얼굴 못 박힌 밤
폐허 같은 몸을 싣고 돌아가는 밤
취할 만큼 기름을 채우고 시동을 켠다
일억 년 전의 공룡 울음이 부르르 살아난다
몸을 꽉 짜내어 기름으로 환골탈태한 공룡들
눈물의 뼈만 남은 마음에서 태고의 비린내가 난다
망치처럼 치달려오는 운석
공룡 떼가 우르르 내 머리를 밟고 간다
졸면서 따라가다 졸음에 파묻히다
벌건 짐승 소리만 살아남는다 몸 안으로 들어와
발톱이 되고 콧김을 뿜는 코가 된다

억지로 노루발로 빼내려다 흙가루 부서지는 나를 본다
휴게소에 들러 시동을 끈다
백악기 시대에서 덜 돌아온
졸음 한 줌에도 쉽게 굳어가는 짐승 하나를 뒤집는다
기름 한 방울 나지 않는
폐허의 몸

# 환승

오늘 못 자국이 수두룩했다
타이어를 뒤적거리고 있다
가파르게 차를 몰고 있다
아무리 몰아도 저녁이었다
어느 길모퉁이였는지
나사못 하나가 타이어 옆면을 물었다

못 하나 쪽으로 자동차가 기운다
하늘의 기울기를 느끼며
못 하나로 자동차를 떠받치는 건
자신을 견디는 일
고속도로를 달리는 동안 못에 박힌 채
참다 참다가 타이어 조각이
사과껍질처럼 나뒹굴었다

순간, 바닥이 아주 잠깐 동안
그를 몰고 있었고

처음으로 그는 아무것도 하지 않았다,
가벼워진 것들에겐 미련 없이 뽑아낸
무거운 못이 있다
못은 필생 그를 물고 있던 그림자였다

아주 잠깐 동안 그는
완전 자유롭다는 듯이
탯줄을 끊고 나온 듯이
끝의 처음처럼
저녁과 함께 밝아졌다 그가 조금씩
그 세계 쪽으로 조용히 멈춰
환승을 기다리고 있다

제2부

# 상자

상자는 비둘기가 출몰하는 주요 서식지였다
지팡이를 짚어도 책을 펼쳐도 모자만 뒤집어도 신발 한 짝 잃어도 손수건에 몰래 피를 묻혀도
새는 마법처럼 나타나 솟구쳤다
물고 있던 올리브잎은 따도 떼도 다시 생겼다

오래 가지 않았다
매운 부리에 물렸는지 부리부리한 눈매에 질렸는지

까만 상자 속에 앉아 오래 면벽이다
뚫려 있던 구멍 사이사이
예리한 칼날이 노려본다
하나씩 칼을 꽂는다 아프지 않다 이미 뚫려 있었으므로

한참 모퉁이를 휘돌고 나서
침묵처럼 벼린 칼을 뽑아낸다 피가 묻어나지 않는다 이미 쏟아져 있었으므로

상자 속에 새를 꺼낸다, 저건 가짜일 거야
새를 아이들 손에 올려준다, 이거 진짜 아니죠?

새를 날린다
잠시 반짝이는 안간힘
새는 자신이 새가 아닐 수도 있다고 믿는다
상자 천장을 열어두어도
마지막 몸짓처럼 전력을 다해 고여 있다

# 토마토

빗질하던 거울 속 여자가 다시 말했다
딴 사람하고 사는 것 같아요
긴 손가락으로 뒷머리를 들추며
움푹 짓무른 폐허를 긁적인다

상처로 가파르게 붉어지는 토마토처럼
두 눈 먼저 물컹해져 오고
밝혀진다 거울의 배면이 충혈이었다는 것이

내 뒤에 내 말을 꺼내 봐요
거울 뒷면처럼
여자의 뒤뜰을 경작해 봐요 반쯤, 딴 얼굴을 뿌리고
반쯤, 다른 얼굴을 수확해봐요

우두커니 멈춘 경작 기간에 대해
어떤 이름을 붙여줄래요?

텅 빈 외딴집 한 채
가장 가깝기에 가장 먼 시야에 자리 잡은
무심을 유심히 들여다볼 때
자꾸 붉어지는

언제부터 짓기 시작했는지
모르는 얼굴이 익어갈수록 아는 표정이 허물어지는
토마토

단 한 사람이 없음으로 한 사람이 없는
함몰된 우두커니가 다시 붉어질 수 있을까?

토마토에 물을 주려
내가 오고 있다
거울 속에서 거울 바깥으로

# 담淡

바윗돌 같은 짐에 번쩍 들리다가
나도 모르는 담이 자랐던가
언제부턴가 침대에서 일어서려 할 때마다
내 뼈를 후려치는 날씨에 휩싸였다

물리치료실에서
지도처럼 몸의 윗부분을 펼치면
울산 대나무숲 부위에
십만 마리의 떼까마귀들이 잠에 갇혀 있다
밤보다 검은 얼굴로

고통은 철새들의 군무처럼
둥글게 활보해야 눈부신 것

대숲을 뒤적거리던 물리치료사,
레이저 빛으로 아침의 온도를 쏟아붓는다
문득 새떼들이 그때 설핏 퍼덕이다가

다시 대나무 같은 뼛속으로 스며든다

밤새 죽어버린 몇 마리의 고통은
너구리의 혀에 닿아
빨간 피를 토하던 어느 철새들의 시간이었다

내게 빌려주었던 시간의 발목들이
담 너머의 나를 서성거리듯
날지 못하는 문장을 재조립하고 있다

# 야생

거울 앞에서 가끔 누구냐고 묻는다
낯선 진흙을 면도하고 있는 나를 보고

진흙의 감정에 몰입될 때마다 모두가 모자로 보인다
어제는 아내의 머리를 잡고 내 머리에 쓰려고 했다*

어쩌면 나는
에덴의 사과를 베어 먹다 모자를 놓아주었을 것이다

모자는 손이 빚는 대로 그대로 이루어지는 곳
아무리 써도 모자는 모자라지 않고 진흙 위에 있다

남자의 눈에서만 야생하는 모자

모자를 쓴다는 건 이마 위에 꽃을 기다린다는 것
세상의 모든 꽃들은 사실은 모자일지도 몰라
바람이 불자

진흙 냄새나는 사과나무가 일제히 모자를 내 이마에 씌워준다

　진흙으로 내 얼굴을 완성한다

\* 올리버 색스의 『아내를 모자로 착각한 남자』 중에서, 인식불능증 환자.

# 점

잎
꽃잎
벚꽃잎
내 꽃잎들
절벽 끝에 서서
하얀 꽃잎 하나씩
제힘으로 톡, 따서
제힘으로 밀고 간다
      하나 또 하나
허공을 쪼개며 찢어진다
      열다섯 열여섯
자주 물에 빠졌고 떠오르지 않는 기억이 있다
      스물일곱 스물여덟
꽃잎, 점점 사방으로 푸르고 세차게 밀고 간다
      사십팔 사십구
꽃잎, 부쩍 이슬을 뻘뻘 많이 흘린다
      육십 육십하나

점점 주름이 무거워진 꽃잎, 허공이 조금씩 밀어준다
  칠십, 칠십다섯, 팔십, 구십, 백하나
 마지막 꽃잎, 내 이마에 새하얀 점 하나 유서처럼 남긴다
  허공이 닫히고
 허기진 벚나무는 버찌를 굽기 시작한다
  째깍째깍
 우주 시간의 한 점이 나를 지나 점점 멀어지고 있다

# 발톱

안에는 컴컴한 괄호가 산다
새가 꽉 조여진 채
어둠의 틈새를 쪼고 있다

팽팽한 괄호 너머로 새 한 마리 놓치는 순간
아무도 도망가지 않는다
꽂히고 싶어 우루루 과녁이 된다
아무도 아파하지 않는다

저마다 화살을 품고 있다
더러 생살이거나
더러 녹슬거나 독성을 견디는 중이다

심장에 있던 새를 당겨 올리는 순간
목이 꺾인 채 미동조차 없는 그녀,
너무 팽팽히 겨눈 탓이다

한 번도 전속력으로 날아보지 못했다
툭하면 제 몸을 쏘아 멀리 보냈지만
언제나 쇠 맛 나는 자기를 삼켰다
시위를 당기는 발톱이 팽팽하다

# 모르는 귀*

전철을 타고 혼자 미술관에 가는 길
촘촘한 사람들을 모른 척하다가 내린다
전시장으로 발 딛는 순간 세상을 만난다
귀 하나에 벽이 잔뜩 걸려 있다
가장 적막한 부위에 모르는 귀 하나
고흐의 것인지 그 누구의 것인지
뗐다 붙였다 옮겼다 할 수 있는
귀가 아닐지도 모르는
귀는 벽을 여는 열쇠일지도 모르는
귀를 직접 깊이 열어보는 관람객은 드물다
커다란 꽃 전시품 부스에 쏠린 귀들이 이동한다

병실에 누워 있는 아버지
귀가 그의 기억을 잠갔다
귀가 가족을 벗어놓는다
벽이 가장 격해지는 건
귀가 모르고 끝까지 매달려 있는 것

낙엽처럼 부스럭거리며 금방 떨어진다

미술관을 나왔다
귀 하나가 따라 나온다

\* 정서영 작가의 작품 이름

# 매듭


 시베리아에서 건너온 뭉툭한 밤들이 둥지를 튼다
 주린 부리로 밤새도록 흙바닥의 낟알에 고개를 조아린다
 떨어진 영혼 매듭이
 어둠 속에서는 더 잘 만져지므로,
 떨어져 나온 것이기에 다시 선분이 되려고
 불현듯 한꺼번에 치솟는다 천 년 만에 깨어난 듯
 수십만 마리 가창오리 떼의 군무
 단 한 번의 엉킴도 없이 단단히 나래치는 붓
 처음 보는 풍경인데 왜 이리 익숙한 건지
 손에 들려진 붓이 휘갈기는 데까지 다 걸어보다가 그만
 나를 놓쳤다 나의 얽히고설킨
 종착 지점이 곧 출발 지점이었을 때
 갑자기 아득한 뒤를 돌아보았다
 내가 내 매듭을 처음 발견하기라도 한 것처럼
 생활에서 줄줄 풀리는 매듭을 다 엮어야 했다
 풀리지 않는 자물쇠는 나를 잘라내야 했다

영암호에 버렸던 매듭 하나가 나를 들고 붓글씨처럼
서 있다
거대한 붓은 계속 필체를 바꾸며 물에다가 글을 쓰고
나는 아직 읽혀지는 중이다
문득 날아온 돌멩이 하나에 동심원이 퍼지는 호숫물
원은 사라졌으나 완전 사라지지 않는다,
또 다른 돌멩이가 던져질 것이므로
우주 공간에 던져졌던 지구에도 동심원이 퍼지고 있다

# 스마일 마스크

가위바위보
당신은 주먹을 바위처럼 내리치고, 나는 눈물을 싹둑 잘라낸다
가위바위보
나는 과녁이 된다

가위바위보
당신이 보자기를 내밀면, 나는 가위를 감춘다

바위에 감정을 붙인다
독이 든 입술도 술술 마신다
때론 당신이 내 귀에 쏟아붓는 가위 같은 쓰레기들도
소중히 보자기에 담는다

다만 나는 소량으로 존재할 뿐

귀가하면 가면이

나의 나머지가 된다
가면보다 가볍고 물렁한 내가
비로소 나타난다

쓰레기에 불을 붙인다 가위들의 아우성
기다렸다는 듯 활활 달아오르는 수치심,
새처럼 날아올라 바위 속으로 다시 들어와 박힌다

가면이 달린다 가면의 나머지를 말린다
닳아진 부위를 버린다
가면이 숨 쉬는 아침을 기다린다

# 봄의 헤어샵


떡잎 같았던 봄의 머리카락들
울창 자라서야 헤어샵으로 돌아와 앉았다
거울 속에는 한창 오디션이 진행 중인 TV

가위가 도착한다
나를 가위에게 맡긴다

겨울에도 살아남은 101명의 아이돌 연습생들
단 11명만 프로 진출의 좌석에 앉을 수 있다
좌석을 중심축으로 싹둑싹둑

시선 밖으로 떨어지는 머리카락들
나머지가 될 때마다
더 이상 불안하지 않아서 떨고 있다

머리카락을 중심축으로 움켜쥔 가위
나의 나머지를 잘라내고 있다

나머지를 가려주고 있는 하얀 보자기

모든 것에는 끝이 있으니, 결국엔
몸이 남을까 머리카락이 남을까
쓸모없음의 쓸모를 생각하는 시간

가위가 두 목소리로 운다 쇳소리와 새소리로
동고비 한 마리가 머리 위를 맴도는 동안
고요히 내려와 바닥의 이마를 짚어주는 카락들

헤어샵 거울 속에 놓인 좌석에서
살아남은 몸 하나 빠져나온다
지폐 한 잎 떨구고 어디론가 사라진다

# 편백나무 자서전


착한 남자라고 낙인찍힌 편백숲으로 갔다
뿔을 숨기느라 그림자가 무거웠다 활활 숨가루를 처방해주는 편백 향이 좋았다

향기가 분다, 잎새가 부려놓은 귓속말처럼 달콤한 향기
편백 나뭇가지 사이로
햇살 한 두루마리 기다랗게 풀며 내려온다
그림자의 그림자에 걸려 눈부시게 혼절하다
헹구며 튀어 오른다 새하얀 살점이 한 움큼은 뜯겼으리

제 몸을 뜯어주는 두루마리가 좋았다 버려도 다시 돌아나는 흔적, 아무 말 없이 닦아주는 참 착한 사람이군요 라는 말에 휴지처럼 칸칸이 뜯어주었다

점점 사라져가는 내가 거기에 있었으므로
변기 물을 내릴 때 콰르륵 지하로 방출하는
좋은 사람을 문밖으로 내보내는 기분이었다

〉
뿔의 그림자가 누군가의 두루마리가 되기까지

# 팔아버린 금성라디오

주파수도 못 맞추고 잡음만 무성했다
오늘부터 나는 금성라디오를 팔아버린 사람
샛별에 깃든 낭만과 추억과
그의 목소리마저 팔아버린 사람

지리멸렬 소리의 그늘을 벗고서야
그는 빈방이 된다

거의 끝나 가는 줄줄 소리가 늘어난 테이프처럼
마지막 쥐고 있던 꽃잎을 놓아준 목련 고목
아무도 그의 곁에 머물지 않았다
몸을 능소화에게 팔아버린 나무
다시 시작되고 있었다

금성라디오를 팔고 꽃병을 산다

더 이상 온 힘으로 머물지 않기로 한다

# 그곳에서

 이미 반은 나무의 얼굴이다 나를 보니 눈망울은 늘 젖어 있다 젖은 눈으로 벚나무를 본다 벚나무도 젖은 눈으로 나를 본다 나무 근처만 가면 자꾸 돋아나려고 한다
 모르는 햇살들이 늑골의 가지 사이로 함부로 쏟아져 들어온다 모르는 손길이 나의 손가락 마디마디를 꽃잎을 활짝 열어젖힌다 젖은 종이가 다 떨어질 때까지 탁본한다 젖은 향기들이 흐드러지게 태어나고 모르는 나무가 되어간다 그곳에서

 벚꽃이 나를 잘 알고 있다는 듯 반은 사람의 얼굴로 점점 나를 채우고 있다 점점 가득해지는 나를

 흠뻑 젖은 꽃의 얼굴로 팔랑팔랑 나를 찾아오고 있다

# 꼬마 눈사람

신도 아이들처럼 마법을 좋아하는 모양이다
활활 허공의 둥지 같은 주먹에다 부채질하면
쏟아진다 비둘기 깃털 같은 눈발이
사라진다 바닥 깊숙이 박혀 있던 발자국들이

마술이란 아이들의 눈을 공중부양하는 일
어른들이 모르는, 지도에도 없는
하얀 눈길로 미끄러져 들어가야 영혼의 기슭에 닿는다
눈발 자욱한 새벽 고속도로
수천 송이의 비둘기가 유리 벽에서 꽃으로 변신한다
올리브 잎사귀를 버리고 왜 내게 왔을까
광대한 우주 위로 오목새김 하는 구름의 발자국들
아이들은 무릎을 꿇고 소행성을 만든다
신의 아이로 점지 되어서야 어린이집으로 들어간다
마술사의 손에서 눈가루가 휘날리자
샛별처럼 반짝 눈 뜨는 아이들
공연이 끝나자마자 꼬마 눈사람 하나가 덥석 안긴다

〉

스르르 녹기 전에 얼른 돌려보냈다

# 신발 공장

어두침침한 작업장엔 고무 형식의 잡초가 있다
신발 깔창의 잉여 살점이 잘릴 때마다
가위질하는 그녀의 오른손이 귀뚜라미로 얼비친다

손의 날개로 찌르 찌르르 가윗날 비비는 소리
프레스 기계, 그 쇳덩어리를 비벼서 대량으로 복제되
는 깔창들
고무된 잡초들이 무쇠 목숨처럼 붙어 있다

잘라도 잘라도 다시 몰려오는
같은 머리카락 같은 각질의 잡초들
귀뚜라미가 날개에 전력을 쏟아붓고 가위질을 한다

더 우량한 몸과 짝짓기하기 위해
같은 작업장 같은 날개의 자세로
한 몸의 우주의 무게를 지고 다닐 깔창

이런 밑바닥 깔창에도
누구나 곡선을 따라 공전하지만
아직 지평선에 편히 닿아본 적은 없으리라

몸이 사막의 지평선에 가까워지듯
설핏 떠오른 쇳조각 번쩍이는 날개를 보라
늘 같은 얼굴로 필생이 잉여였던,

제3부

# 따르다

앞차를 뒤따르며 운전한다
속도는 속도를 따르고
갑자기 앞차가 우측으로 피하면서 간다
내 차도 피하면서 힐끔 보니 주인을 놓친 노끈 뭉치
밟고 지나쳐도 무탈한 것
앞만 보고 따라가는 양 떼처럼
앞줄에서 누군가 폴짝 뛰면
어김없이 그 자리에 이르러 풀쩍풀쩍
아무 구덩이도 없었던 그 자리
북적이는 종로3가 전철역에서
누군가의 발에 걸려 핏물이 넘쳐도
바쁘게 등짝만 정독하는 행인 2, 3, 4 ⋯⋯
스마트한 묵념에 들어 누군가의 희생양을 애도한다
한 영혼이 탈출에 성공하자 차례차례 따라간다
최신 유행을 따르다 바뀔 때마다
제 털을 뜯어 바치며 핏물에 익숙해지는 양들
나를 따르라는 말만 좇다가 종종 밥상 위에 오른다

내일도 새파란 양 몇몇은 단풍을 따라갈 것이다
죄 없는 자가 돌을 던지라는 판결에 따라
또 그를 위해 누군가는 속죄양을 자처할 것이다
돌은 그를 따라 귀를 던지듯
돌 없는 자만이 죄를 던졌다

# 호랑거미 형식으로


은행나무와 허공 사이로 출근한다
아마 퇴근길일지도 모른다
직장인지 집인지 같은 페이지만 복사되는 일상
3억8천 년 전의 설계도 형식으로
오늘도 아파트를 짓고 분양을 기다린다

햇살과 바람은 상담만 받고 간다
괜찮다며 하얀 줄을 흔들어준다 그들은 주소 없이 사는 것들
자신을 자신에게 가두지 않는다
예고 없이 대모벌 떼 같은 폭우가 집 몇 채 부수고 간다
빗발치는 속수무책
흙빛으로 부식된 몸을 끌고 은행 대출금으로 수리를 한다

굶주린 호랑이 감정으로 분양을 기다린다
때마침 문 열고 들어온 화장기 많은 나비부인

계약서에 도장을 찍자마자 입주한다
그녀는 넉넉히 오래 살았다 아파트가 재건축될 때까지
장미꽃이 이슬 한 방울 탈골할 시간 만큼

살맛 나는 호랑이의 역할은 짧았다 밀린 이자를 갚고
또다시 소실점 같은 하루
은행 사이사이 허공에 걸린 하루
가끔 자신의 끈끈이 줄에 갇히는 담즙의 시간들

책 허파에서 건축학책을 탐독하며
호랑 무늬 펄떡이게 할 전화를 기다리며
오늘도 기다린다 웅크린 점 하나로
고생대 유물처럼

# 항아리

순식간에 퍼졌다
마녀의 몸속에 항아리 나무가 자란다는 소문

햇살들을 유인하여 꽃망울을 틔운다네 항아리 꽃잎 하나 떨어지면 지진이 일어난다지 항아리에 물이 새면 홍수가 된다네 항아리에 갇힌 햇살을 휘저으면 태풍이 온다지
 우리의 불안 불안은 항아리에서 발효된 것이었으므로

똘똘 뭉쳐 항아리를 사냥한다
 마녀는 어디에도 없습니다
수십만 개의 마녀를 발명한다
 마녀는 언제든지 조종할 수 있습니다
환호하는 군중 속에 항아리를 못 박고 불사르는 마을 축제
 마녀의 항아리는 우리의 슬픔을 지고 갈 어린 양 구세주입니다

〉
뼈를 가루가루 빻아 강물에 버린다
마녀보다 더 마녀답게

이때부터 항아리에는 또 다른 물결이 철썩거리고 있다

# 거울의 바닥


한때 산 그림자의 이마도 씻겨주고
어떤 철새가 불쑥 목을 놓아도 어루만져주던
그 여인은 언제 깨질지 모르는 거울이었다
모든 감각이 밑바닥에 쏠리고
한 발짝 내디딜 때마다
쩌저적 갈라지는 생 주름이 목숨처럼 들러붙었다

새 한 마리가 날아왔다
굵은 부리를 가졌으나 자신을 비추지 못한 채 사라진다
다시 새 한 마리가 날아왔다
큰 눈을 가졌으나 아무것도 얻지 못한 채 사라진다

스스로를 비추지 못하는 거울
제 몸의 문을 찾지 못하는
조금만 실금이 가도 쉽게 낙인찍히던 여인
불투명한 그늘을 지고 있어
누군가의 전신을 품어주던

〉
있는 그대로를 받아들이기로 한다
거울이었던 기억을 반추하며
점점 깊고 단단해진다
수백 마리의 새들이 찾아와도 웅숭깊은 바닥을 열어준다
함부로 스스로를 깨뜨리지 않아
시리도록 여윈 발이 젖지 않는다

# 샌드 아트


이 비좁은 네모 속의 세상은 모래에 불과하다

손톱이 파도치면 갉아 먹히는 모래가 생기고

바다로 갇히려는 갈매기가 소란하다

깊숙이 빛을 들이면 한 사람의 뒷모습이 모래 속에서 나타난다

내장까지 모래로 가득 찬 눈두덩에서 흘러내리는 모래,

쌓여왔던 모서리의 감정이 너무 무거웠는지

세상의 한 귀퉁이로 헤쳐모여 들끓기 시작하자

무궁무진해지는 빛의 세계

허공으로 치솟은 모래가 빛을 향해 한꺼번에 뛰어내린다

썰물의 시간

모래가 빛과 접속하며 빠르게 흐른다 흐르면서 세계를 재조립한다 서로를 포개며 서로를 쪼갠다 무궁무진한 생명체를 울창한 나무숲을 쏟아낸다 잃어버리거나 잊어버렸던 보석을 캐낸다

그 사이로 까만 모래를 풀어헤치며 진주 귀걸이를 한 당신이 뒤돌아보고 있다 그리고

굳어지기 전에 다시 파도가 가파르게 들이닥치고 있다,

내가 지워지고 있었다

# 가면과 나 사이

> 멈추어라, 너 정말 아름답구나!
> 내가 세상에 남겨 놓은 흔적은
> 영원히 사라지지 않을 것이다.
> 이같이 드높은 행복을 예감하면서
> 지금 최고의 순간을 맛보고 있노라.
> —파우스트

웃는다, 가을 햇살이 피는 아침처럼
당신 가슴에 꽃으로 피어난다
눈물 젖은 가면을 쓰고
밝게 웃는다, 해 질 녘까지 웃을 수 있다

눈썹과 눈썹 사이 회오리바람 휘몰아치는 당신의
이마빡이 내 심장을 도려내어도
들키지 않는다, 억새 덤불 속에서
빈 가슴 달고 사는 억새 울음 만져지는
가면이 상책이다

가면과 나 사이, 끝없이 방황하는 낯선 거리

가면을 벗으면
내 영혼이 뿌리뽑힐 듯 휩싸이는 불안
벗다가 내가 벗은 게 가면인지 내 영혼인지
파우스트에게 묻는다
부와 권력, 사랑을 다 소유하고도 왜 행복하지 못했는지
기꺼이 악마에게 그대 영혼을 바칠 만큼 집착했던
생애 최고 만족의 순간, 그 순간이
고작 자유롭게 살아가는 사람들의 민낯이었는지


오늘도 우두커니 인생길 몰라 두리번거린다
가면이었다가 나였다가 억새였다가
마구마구 태어나는 바람의 지문에 술렁이다
홀연히 흩어진다
'인생이 살 만한 건 정답이 없기 때문'*일까


* 박완서 소설 「그 남자네 집」 중에서

# 거울 신문을 읽다

물고기 모양의 눈으로 신문을 본다
밤낮없이 바다 같은 장거리를 운전하다 보면
충혈되고 질퍽거리는 눈
안약으로 새 물길을 터주곤 하지만
안팎이 빼곡한 오늘의 신문에서 서너 개의 사건만 깜박거리고 나면
서둘러 신문을 닫는다
금세 아무것도 보이지도 보려고도 않는다
다시 눈을 뜬다면 비릿한 신문이 다시 배달될 것이다
검정 활자만 가득하고 빛이 닿지 못하는 심해 속에서
자주 나를 닮은 심해어 숨은그림찾기를 한다
가끔 촛불과 가면에 비쳐진 나를 본 듯하나
하늘의 둥근 거울이 반사해준 것이었을 뿐
신문을 닮아가는 기름가자미만 퍼덕댄다
비가 오고 반쯤 잠겨 너덜너덜해진 경제면
물고기가 떼죽음 당했다는 기사로 헐떡일 때면
통편집에 저촉되었다는 예감으로

어느 지나가 버린 전성기의 신문을 꺼내 펼쳐본다
오래된 신문을 읽는 동안
아이들이 멸치의 생태를 읽고 있다
멸치는 귓속에 블랙박스가 있어
나이와 일일 성장선과 살아온 정보를 기록하고 있다는데
어딜 찾아도 신문 속엔 아직 기록된 내가 없다
아무런 특종이 되지 못했지만
달처럼 아이를 공전한다 아이가 중심이 되도록
쓸 만한 기삿거리를 찾아 심해를 뒤적거리고 있다

# 감

어느 순간에 뛰어내릴 마음을 품는 걸까

감이 다 떨어진 나는
떫은 손으로 허락도 없이 풋감을 따는 사람

시월의 가지를 움켜쥔 감들은
바싹 그을린 아이들 마음 쪽으로 팽팽하게 기울었다

몸속의 담장을 다 녹인 감
벼락처럼 내리꽂는 붉고 선명한 문장
찬란한 폐허로 익어간다

아직도 감의 기척을 기다리는 나는
붉은 심장으로부터 너무 멀리 뛰어내린 사람
아무리 가지를 뻗어보아도
노을 자국 한 점 데워지지 않는

# 종이

종이가 놓여 있다 너와 나 사이에
새들이 날아든다
새는 한 장의 이야기에 닿으려고 하지만
모래처럼 낱장으로 흩어져버린다

종이는 새털구름 같은 안개
입구도 출구도 없이
안개 같은 문장은 지워지며 사라진다
서로 뭉개지는 뒷모습

첫 문장을 고른다
아직 끝나지 않은 나를 더듬거린다
심이 부러진 연필과
벌목된 글자들과
너와 나 사이에 구겨진 종이들

## 애기똥풀꽃

밟혔다 너의 노란 목소리에
들풀 가득 찬 개천을 지나다가 문득

더 이상 내게 보이지 않았던 색깔을 보았다 그것은

애기똥풀꽃의 물컹한 울음이었다

한때, 예기치 않았던 사건 속으로 빨려 들어가
기저귀를 찾다 찾다가 깨져버린 내 꽃송이들
나는 나에게서 넘쳐흘러 무한정 멀어져갔고

 기저귀만 모을 수 있다면 진창길에도 무한히 뛰어들
겠다는 들풀의 얼굴로
 샛노랗게 젖은 눈빛을 토했다

 피고 지고 피고 지는 동안
 나를 넘어 나를 초대하게 되고

너를 넘어 나를 초대하게 되어

거울의 바깥에서
더 이상 내게 들리지 않던 목소리

이제는 자세히 들린다 금빛
애기 목소리가 햇살을 싹틔우며

내게로 한없이 소용돌이치고 있다

# 갈대가 온다


날 선 모퉁이를 돌고 돌다
귀퉁이를 다 잃은 무더기 사이로
바람이 온다, 갈대들의 날갯짓
퍼덕이고 있다

갈대는 언제나 닿고 싶은 곳으로 깃을 세운다

어쩌면 갈대는 바람의 종족이었을 것이다

갈대의 중심은 가득 비어 있다
그 중심에 자라는 바람의 척추,

팽팽한 침묵시위

갈대가 저토록 격렬하게 서걱이는 건
속울음 들썩이는 누군가의 어깨에
바람의 깃을 세워주기 때문이다

〉
침묵으로 굳어가는 길목마다
갈대가 불어온다

# 연

부여 궁남지에서 바람에 몸을 맡기다가
봄 감기에 목덜미 덥석 잡히던 날
손에 도착된 당신의 부음 문자가
눈 속으로 화르르 쏟아졌다

연못엔 연들이 아무렇지 않게 팽팽히 떠 있는데
연못가에 목쉰 침묵 한 송이
뿌연 안개를 부르르 녹이는 꽃잎들

꽃잎에 데인 새의 붉은 울음소리
찌익 도려낸 침묵으로
텅 빈 하늘의 높이를 재고 있다

 하늘에 닿은 당신, 당신은 스스로 진흙 밑바닥에 뿌리 내렸지 당신의 연뿌리 속 빈 동굴마다 향기가 점점 벅차 올랐어 줄기가 물길을 내어 우주 같은 물 밖 세상과 연을 맺었어 당신은 비바람에도 젖지 않았지 세상 모든 연들

의 낙관을 받아주었어 가장 낮은 곳에서 가장 높은 당신

  마침내는 내게도 오겠지
  연을 끊고 하늘로 오르는 내 이름표
  누군가의 못에 띄워줄 문장 몇 잎 남을까

# 그녀가 있다

멀리서 쑥부쟁이 꽃들이
왕잠자리의 둥근 눈에 오래 맴돌고 있다
끈질긴 적막이 푸르게 감돌고 있다
경계를 풀자마자 둘은 연인처럼 바싹 머물고 있다

순간, 가시들이 잠자리 몸에 콱 박힌다
그제서야 잠깐 눈에 보이는 사마귀의 세모 얼굴
꽃의 감정에 앉기도 전에
세모 속으로 동그라미가 들어가고 나머지도 묻힌다
날개들만 남는다 날개가 아니다

멀리서
날개 돋친 새의 눈
쏜살같이 사마귀는 부리에 꽉 조인다
그제서야 사마귀 눈에 보이는 새
꽃에 피 흘릴 사이도 없이
세모와 나머지가 파묻힌다

꽃과 새만 남는다

새가 꽃 한 송이 물고
내 이마 속으로 날아온다
꽃을 내려놓고 관념을 물고 다시 나오면

그녀가 있다

그녀의 눈엔 내가 들어있지 않다
멀리서 나는 그녀의 입술을 조준하고
나를 쏜다
그 황홀한 무덤 속으로

# 달팽이 집


축축축축 귀를 적시는 밤
이런 날엔 턴테이블 센터 축에
대량의 빗소리만 앉힌다
귀만 남고
나머지 세간은 파란 물감을 풀어 생략한다

중심축에 나를 꽂자 나부끼는 빗소리
진창길에 둥근 감정을 덧칠하고
안단테, 안단테……
잠시 정지,
거꾸로 모자를 쓴 온쉼표에 멈춰
침묵의 팽팽한 체온을 재고 있다
시한폭탄 같은 모자
달궈진 눈을 담갔다가 꺼내면
장마가 줄줄 나올 것 같은

모자를 흔들자 달팽이 집 한 채가 나온다

〉
알레그로 콘 브리오!

순식간에 달라붙는 반딧불이 별빛 속으로
달팽이의 속살이 가루가루 부서진다

내 몸이 훤하게 비워진다
귀만 남고

턴테이블 위엔 빗소리만
벽을 타오르고 있다, 안단테 보폭으로

# 돌의 향기

 돌의 자전축을 움켜쥐고 돌고 있다 돌돌, 중심이 탈탈 털려 관심 바깥으로 떠밀린다 돌돌돌, 돌들의 채찍질 같은 바람을 혀에 물며 줄줄, 돌작밭에서 피를 쏟는다 뿌리를 적시는 돌, 단단한 의자를 통째로 내준다 마침내 돌처럼 옹골찬 봄이 되어간다
 돌, 돌이라는 발음이 감칠감칠 휘돌다 감돌며 닿을락 말락 마주 보던 입술이 애태우는 소리 돌돌, 첫사랑이 조약돌을 내던지며 돌아서던 소리, 아직도 주머니 속에서 녹슬지 않고

  돌을 오래 벗 삼아온 돌나물
  그대가 있어 돌은 향기를 품는다
  점점 돌의 심장처럼 영글며
  돌
  돌
  첫사랑의 식탁으로 흘러간다
  조약돌의 향기가 오도독 씹힌다

# 제4부

# 큰가시고기

닻을 내린다
훤히 내려다보이는 진흙 바닥
타국에서 되돌아온 고향
바닥에게 피멍 터지는 흉터 치르고 일궈낸
더 깊고 포근한 밑바닥, 새 둥지 같은 신혼집

보송보송 수백 개의 알이
사과 같은 얼굴로 태어난다, 하지만
호시탐탐 금단의 사과 노리는 포식자들
큰가시고기의 서릿발치는 가시
한눈파는 순간 따먹을까 봐
창을 겨눈 채, 열흘이나 먹지도 자지도 않으면서
쑥쑥 자라라고 끊임없이 부채질하면서

마침내 문고리 열고 우르르 나온 아기들
아비의 몰골과 의식은 너무 깊이 구겨져 있다
새끼가 홀로서기 하는 닷새 후

바닥 치는 생의 끝자락 잡아당겨
새끼들의 둥지로 밀어 보낸다
제 몸을 눕힌다, 최후의 만찬
맛있으나 눈 맵고 가슴 미어지는 상차림
제 살과 피까지 자식에게 훌훌 벗어준다

뼈만 남은 아비, 진흙 화려하게 껴입는다
저승 바닥에 닻 내리고
마침내 잠든다 가장 편안하게
그 위에 수백 알의 가시 울음들, 아프게 일렁인다

## 송이도 松耳島

영광 탁 트인 바다에도 귀가 있다
온몸에 바람과 파도의 울음 무늬 흥건한
울창울창 귀를 닮은 섬
그 섬의 둘레마다 융기하는
비릿한 생의 나이테를 그린다

그 귓속에는 사시사철 소나무들이 산다
그들도 달고 있는 수천 개의 푸른 귀
철썩철썩 얼빠지도록 파문 쳐오는
바다의 문장을 눈으로 듣는다

때론 세상의 여울진 감정에 휘둘리다가
선명히 온몸에 찍힌 벌레의 이빨 자국
웅웅 귓속으로 맹렬하게 쏟아지는 날엔
나무도 침묵을 버리고 귀로 운다

세상의 귓가에

생의 모서리 찰박찰박 허무는 소리
오늘은 그 섬으로 가서
깨진 종소리를 귓속에 심는다

# 바둑 판소리


체크무늬 마당에서 판소리가 시작된다
하얀 부채를 든 소리꾼이
창唱과 아니리를 쥐락펴락 수읽기를 하는 동안

탱자나무 북채를 든 쑥대머리 고수
소리북을 탁, 치자 바둑돌이 얼쑤 놓인다
뼛속까지 새하얗게 연마된 돌,
북가락을 밀고 달고 맺고 풀고
소리의 궤도를 따라 완생의 집을 쌓아간다
절벽의 틈새마다 추임새를 날린다

집 안팎에는 고수 자리를 넘보는 시선들
그의 실수를 쑥대밭 시키려는 듯
검정 복면을 두르고 자신의 수를 감춘 채
짐승처럼 북의 급소를 노린다
점점 판세가 가늠하기 힘들어진다

탁, 부채로 시선을 끊으며
절정의 음역으로 길 바꿈 하는 소리꾼
북채는 자진모리 휘모리 가락을 쏟아낸다
돌들이 일제히 우레 같은 폭포 소리로
가파르게 판을 뒤집는다

체크무늬 마당이 황홀의 물에 펄펄 잠긴다
그 위에 부채와 북채의 짝이
그윽하게 낮은 탱자의 향기까지
젓가락질하듯 건져 올리고 있다

# 하이파이브

번쩍 높이 들립니다
두 얼굴이 녹으며 헬륨 풍선처럼 떠 오릅니다

웅덩이로 둘러싸여 있던 날들
너무 많은 날씨가 뺨을 치며 지나갔습니다
끝없이 풍선을 불어야 했습니다

풍선이 우리를 하늘로 띄웁니다
웅덩이로부터 멀어지기까지
머리 위로 단숨에 치솟아 오르기까지
이렇게 많은 풍선이 필요했다니

오른편 뺨을 치거든 왼편도 돌려대라고 합니다
손바닥의 뺨이 빠르게 날아옵니다 동시에
나도 빠르게 갖다 댑니다

철썩, 서로 뺨을 세게 맞습니다,

아무도 따귀를 날리지 않았습니다
후끈해진 뺨의 체온이 둥둥 올라가 버린 빈자리를
달달한 훈풍이 불어와 채웁니다

저기에서도 손이 활짝 들리고 있습니다
나를 띄워 올립니다 제가 맞겠습니다

# 햇살을 쬐며

얼마나 더 짓밟혀야 절벽 끝도 안전해질까
날마다 바람을 밀쳐내며
잎새는 잎새가 가벼워 살아있는 한 방황한다

노숙을 해도 다른 잎새의 삶 깨뜨리진 않는다
그의 쉼터는 언제나 나뭇가지 끝, 그 아슬한 절벽 끝엔
햇살이 그득그득 영근다, 공평하게 살을 떼어주는
햇살을 쬐며, 잎새는 푸르게 흔들린다

오래 머물 순 없는가, 벌써 잎새가 진다
너무 일찍 파산당한 낙엽들의 붉은 아우성
런던 지하철에서 뉴욕 세계무역센터에서
나아가 바타클랑 콘서트홀까지

총으로 폭탄으로
공평하게 무차별 살생하는 연쇄 테러범들
인사고과에서 고객센터에서 거래처에서

압력으로 별을 찢고 밟고 침 뱉는 연쇄 테러들

상처는 벌레가 무거워 잎새 하나 그늘에 눕힌다
터진 핏줄과 눈썹 오래오래 들여다본다
잎새도 거울 보듯 나를 오래오래 들여다본다
절벽 끝에 햇살이 둥지를 틀고 있다

# 나뭇잎

초록 벌판 같은 나뭇잎 하나
제 살과 피로 애벌레를 먹인다
점점 넓어져 가는 이파리의 무덤
저 가없는 허공의 무덤,
한 그릇씩 퍼줄수록 더 눈부신 저 공간

진지한 소멸
장엄한 아픔의 계곡
별들도 맘껏 울고 싶은 날엔
여기로 찾아와 필생의 눈물 터뜨린다
가슴 탁 트일 때까지
하늘도 잠시 계곡물에 갇힌다

햇살 한 줄기 아뜩히 내 심장을 스친다

# 모기

 막히는 날씨에 선풍기를 대고 잠을 쏟아붓고 있다 바람결에 점 점 점 나로부터 멀어지고 있다 일억 년 전쯤의 광야로 흐르다가 구르다가 잘게 부서지기도 하다가 갑자기

 거대한 모깃소리에 단번에 귀가 번쩍 뜨인다

 얼른 일어나서 저것을 잡아야지 하는 내 생각에다 침을 꽂으면서 저 암컷은 눈알을 굴린다 좁쌀만한 눈알로 나를 가둔다

 사냥감의 계절, 팽팽 조여오는 모깃소리에

 가려웠다 가려운 건 못 참아

 아직 잠의 언저리에서 반쯤 짐승처럼 더듬거리며 앞발로 불을 밝힌다 무기를 움켜쥔다

 그녀들은 제 자식을 위한 필사즉생의 다른 이름

 모기 보고 칼을 뺀다고 했던가, 하지만


 일억 년 벼려져 오는 칼날 소리에

 두 발 달린 짐승 하나가 질질 끌려가고 있다

# 옹이


여수 돌산대교 아래의 벚나무
굵은 가지 한목숨, 해변에 누이고
빈집을 물고 있다
이토록 파도치는 빈집,

울어야 할 방향을 지탱해주던 자음을 떠나보내고
모음을 맴돌고 있다
정점으로 치달을 때마다 파문 쳐오는 생각
지난 생은
믿었던 태양의 미늘에 낚이기 위한 처절한 몸부림이었다는 것을
원점으로 돌아온 지금이 지상에 없는 잠의 시간이란 것을

내면의 팔을 뻗는다
온몸 부수며 우는 파도
금세 닿을 듯한 아득한 거리에

초록 잎새들이 돋아난다

점점 뻗어간다 주머니에 빈집을 넣고 사는 인간의 마을을

둥근 종소리 나는 물결처럼

# 절벽絶碧 소나무


절벽으로 가자
가거든 다신 돌아오지 말자
귀가 절벽인 가시눈*들이, 굶주린 짐승 같은 숲을 떠나자 몇 평 안 되는 햇살 지키랴 피 튀기며 싸우랴 심장이 실종된 덤불숲을 벗어나자 절벽에다 집 짓고 절벽처럼 살자 뙤약볕 가득 차고 웅숭깊은 이곳에서, 사시사철 푸르게 옹골지게 뿌리내리자

내가 왜 그리 기를 쓰고 태어나 이 자리까지 왔을까
절벽의 소나무여 절벽 소나무여
생의 강이 다하도록 매우 絶 푸른 碧 소나무여

푸른 절벽, 발밑에 밟고 서서
치켜든 수만 개의 가시 손으로, 뼈아프게
퍼 올린다 푸른 눈물을
열매 다 여물면, 날개 쫙 편 씨앗
세상 끝으로 뿌려야겠다

도심 속에서

싹쓸바람에 와스스 빈털터리 된 가시눈들

절벽으로 둥둥 떠내려오면

절벽 반듯 눕혀 놓고, 산책길 하나쯤 내어주어야겠다

\* 가시 돋친 눈. 남의 감정을 자극하는 심술궂은 시선.

# 착시, 밀레의 '만종'을 보며

 입장료 티켓 받으려고 손 내밀어 보니 그림, 그림인 줄 알고 만져 보니 진짜 사람인, 그림 같은 세상에 살고 싶은 날이 있다. 트롱프뢰유* 작품 전시회를 보고 온 날, 벽에 걸린, 밀레의 '만종'이 착시를 일으킨다

 하늘 끝까지 비상하던 저 새들이
 감자밭에 떨어뜨린다, 물고 있던 종소리
 감자만 한 세상에 하늘만 한 종소리
 순간, 떠돌던 세상의 귀가 넓어진다

 바구니에 담긴 시들시들한 감자,
 노을 물결이 그 발 흉터 다 씻기고 입을 맞춘다
 아직 흙바닥에 이삭처럼 남겨진 감자, 그 눈 속엔
 젖은 손 흔들며 몇 번이나 뒤돌아보는
 노을, 멀어질수록 점점 더 커지는 시선, 그리고
 점점 더 싱싱해지는 종소리, 일손 멈춘 부부의
 귓가에 채색되자 그림이 완성된다

〉

 저 멀리 첨탑 속에서 붓을 말리는 밀레, 악수를 청하자 모래처럼 쏟아졌다 영혼 입은 종소리가, 담아도 담아도 바구니는 그대론데, 다 채우고도 또 채워지는 그림 같은 세상에 함께 살고 싶은 날.

---

* 프랑스어로 '눈속임, 착각을 일으킴'이란 뜻. 영어로는 'Trick the eye'라고도 부른다.

## 바보, 바보
―황순원의 '소나기' 속으로

피하지 마라, 사랑이다
소나기 앞세우고 카랑카랑 파문 쳐 오는 사랑이다
'바보, 바보'라 쓰인 편지가 풀씨처럼 날아와
내 가슴 속 빈 섬에 발아되는 사랑이다
비 오는 날이면 속절없이 부풀어 그리워지는 사람아
멈추지 마라, 사랑이다
그대 목소리에 내 심장이 찔린 채 달려가는 사랑이다
오래오래 달리다 과열되어 터지면
베르니케 실어증* 같은 문장들이 허방 짚듯 엎질러진다

 아프니까 사랑이지, 털고 일어나. 달리다굼*, 이 말씀만 마시면 이별이란 없어. 들국화 싸리꽃 도라지꽃 마타리꽃 들이 하늘에다 소나기를 퍼붓고 있어. 저 대추 알 만한 하늘은 금방 눈물 속에 잠길 거야. 개울이 생기겠지. 거기에다 호두알 같은 내 가슴 징검징검 박을 테니, 언제든지 와. 내 가슴 바스락바스락 밟는 소리, 하늘이 흔들거려.

〉
누가 하늘 문 열어 놓았나, 이 멈추지 않는 소나기를
누가 던져 주었나, 이 식지 않는 조약돌을
비가 오면 그대만 무성해지는 섬
그 섬에는 찔려야 다시 사는 바보가 살고 있다

* 베르니케 실어증 : 뇌의 베르니케 영역(상대방이 말하는 언어를 알아 듣는 역할)에 손상이 생겨서 다른 사람의 말을 잘 이해하지 못하고 유창하지만 무의미한 언어를 생성해 내는 증상. 실어증은 적당한 단어를 찾지 못해 말은 유창하나 전혀 의미 없는 단어를 매끄럽게 잇는 현상이다. 문법적으로는 맞는 것 같으나, 의미는 전혀 통하지 않는다.

* 달리다굼 : '소녀야 일어나라'는 뜻의 아람어

## 춤을 추며
―뭉크, '임종의 침상'*을 그리고



상실의 슬픔이 절벽조차 삼킨다

 눈 감아도 보인다 식어가는 어머니 침상 그 낯섦이 두려워 절규하던 누이 그녀의 실핏줄 내돋친 동공
 눈 있어도 볼 수 없다 나비를 꿈꾸었던 내 누이의 눈동자 거울 속은 온통 그녀의 붉은 눈빛만 소복소복 쌓여져 있다
 빈집이 된 거울의 창백한 발목에 내 손을 얹는다 체온을 흘려보낸다 거울 속엔 낯선 사내가 날 응시한다 죽은 누이 생각에 나는 쩌렁쩌렁 울음 볼륨 높이는데 그 사내는 죽음의 춤*을 춘다 눈물의 샘이 다 마를 때까지 춤을 춘다 절망의 밑바닥이 다 잠들 때까지 춤을 춘다 어느덧 죽음도 춤을 추고 삶도 춤을 춘다 어깨동무하며 본래 한 몸이었다는 듯이 동전의 앞뒤였다는 듯이

 춤추는 한, 이별이 두렵지 않다

세상에서 가장 거짓 없고 공평한 상실이다 최후가 있어 삶이 더욱 존귀해진다 내 꽃잎 한 장 한 장이 간절한 향기를 우려낸다 저 멀리 저무는 노을이 견딜 수 없이 비로소 아름다워진다

다시 거울 앞으로 돌아오면 나와 똑같은 사내가 춤을 추고 있다

\* 임종의 침상 : 뭉크의 누이 소피가 죽던 날의 장면을 그린 작품. 이 때의 뭉크는 14세, 누이는 15세였다.(뭉크는 5세 때, 어머니의 죽음을 지켜봤다.)

\* 죽음의 춤 : 중세 14~16세기 때의 광란의 춤. 전염병으로 시체와 무덤으로 뒤덮이던 시기에, 이들을 위로하거나 잊거나 극복하려는 의도로 시작된 춤.

# O형 구름

30초 전의 너는
검은 옷차림한 너는
일찍이 무게를 배우지 못한 너는
그리움, 이라는 피가 봇물 터지기 30초 전의 너는
곧 수천수만의 발로
공 같은 장대비를 드리블할 것이다

생애 처음 너는 사랑의 무게에 온몸을 허물고
공을 몰고 간다, 허공의 운동장의 절반을
브레이크 없는 속력으로

하지만 골인하지 못할 것이다
중앙에서 철벽 수비하는 공기들의 마찰력,
먼지보다 작은 것들의 압박 태클에
넌 언제나 맥 풀린 슛만 날릴 것이다
30초 전 네 공 속에 철철 넘치던 피는
골대에 공이 튕겨 나올 때마다

O형 피를 줄줄 흘릴 것이다

골문을 열 수 있다면
그녀의 머릿결 같은 그물을 만져볼 수 있다면
구름의 모양을 바꾸어보기로 한다
A처럼 깎아 완벽하고 신중하고 섬세하게
B처럼 쪼개 자유롭게 화끈하게

30초 전으로 다시 돌아갈 수 있다면
다시 심장을 조립할 시간이 있다면
공기의 태클조차 못 견뎌내는,

# 변성암

쌓인다 퇴적물들이 몸속으로 층층이
퇴적암이 되어간다
분해되지 못하고
때론 중심의 해체를 거부하며
응어리의 형식으로 쌓이는 것이 있다
뼈저린 그 날의 기억들을
끈질기게 물고 있는 머리뼈와 이빨들,
모래와 진흙과 자갈 더미 사이사이에서
짓눌리며 짓누르다가
모래알갱이 같은 흠집이 커 보이고
자갈 굵기의 의문들을 서로에게 집어 던지다가
너는 먼저 등을 돌렸다
외딴 방향으로 높이 쌓기만 하던 너
불안이 퇴적되던 그 꼭짓점에서
너는 용암을 터뜨렸고 심장까지 냉정해가며
외따로 너만의 작은 섬을 쌓았고
내 몸은 열을 앓았다

이제 변하기로 한다

홀로 남겨진 몸을 다시 조립하기로 한다

기억에 갇힌 뼈들을 꺼내

가장 캄캄한 깊이의 마그마를 꺼내 열을 지핀다

몸의 생각과 알갱이와 구조를 바꾸고

울음 무늬가 줄줄이 굳어 된 암석의 얼룩

네가 날 발굴한다면 날 알아본다면

그때 잠시, 일렁일 것이다

# 벽이 잠기다

담쟁이가 바닥을 더듬으며 간다
홀로 제 몸을 세우지 못한다

한 걸음씩
바닥을 내딛는 만큼
바닥이 잠긴다

바닥의 끝에서 하늘 높이 가로막는 벽

가까스로 붙음뿌리를 뻗는다
한 발자국씩
벽에 몸을 붙이며 앞으로 간다

지나가는 고비마다
산과 들이 빼곡히 자란다
벽은
바닥보다 낮게 잠긴다

**포지션 詞林 008**
## 둥근 바깥

펴낸날 | 2018년 11월 9일

지은이 | 김영곤
펴낸이 | 차재일
책임편집 | 이용헌
펴낸곳 | 포지션
등록번호 | 제2016-000118호
등록일자 | 2016년 4월 12일
주소 | 서울시 마포구 대흥로8길 26. 201호
전화 | 010-8945-2222
전자우편 | position2013@gmail.com

ⓒ 김영곤, 2018

ISBN 979-11-961370-7-6  03810

값 10,000원

* 이 책은 충청남도, 충남문화재단의 후원으로 발간되었습니다.
* 이 책의 전부 또는 일부 내용을 재사용하려면 반드시 지은이와 포지션의 서면 동의를 받아야 합니다.

사이에서 그리움과 고통의 눈부신 굴레처럼 빛을 간직한 출구이자 입구인 것이다.

그의 시들은 사랑의 무게에 온몸을 허물며 공(空)을 몰고 간다. (「O형 구름」) 브레이크 없는 속력을 멈추지 않고 이 공(空)은 '나'를 넘나든다. '나'는 무게도 가늠하기 전에 흘러가 버린 가벼운 그리움을 멈추지 않고 드리블한다. 실패한 30초 전의 나를 재조립해보아도 언제나 공(空)은 내 앞에서 튕겨 내 앞으로 되돌아온다. 빠르게 흐르면서 재조립되는 '나'의 세계는 모래처럼 허물어져 (「종이」), 동심원의 한가운데 깊은 심연 속에서 마주한 자신의 뒷모습과 함께 스스로를 지워간다. 그럴수록 더 깊은 터널 안에 갇힌 시인의 눈동자는 언제나 속력과 질주의 한가운데를 응시한다. 그런 시인 앞에 놓인 흰 종이는 늘 '나'를 향한 첫 문장이자 마지막인 문장인 셈이다. 구겨진 종이와 또다시 펼쳐지는 흰 종이 위에서 그의 시 속 '나'들은 끊임없이 공(空)을 몰고 간다.

## 4. 그리고 시(詩)

> 생애 처음 너는 사랑의 무게에 온몸을 허물고
> 공을 몰고 간다, 허공의 운동장의 절반을
> 브레이크 없는 속력으로
> — 「O형 구름」 부분

> 안개 같은 문장은 지워지며 사라진다
> 서로 뭉개지는 뒷모습
>
> 첫 문장을 고른다
> 아직 끝나지 않은 나를 더듬거린다
> 심이 부러진 연필과
> 벌목된 글자들과
> 너와 나 사이에 구겨진 종이들
> — 「종이」 부분

 김영곤 시인의 시에 등장하는 터널의 '바깥'은 이미 내가 지나온 텅 빈 시간과 공간으로 '나'와 마주한다. 이 기억의 환기는 밖으로부터 밀려난 또 다른 '안'이 되어 가는 중이다. '나'는 끊임없이 생성하고 소멸하는 터널

몸짓으로 뚫리는" 텅 빈 구멍(집)의 주인이 된다.

　결국 우리는 길 위에서 "모두가 한 방향으로 길을 잃는다."(「화석」) 경험과 기억이 풍화되는 동안 우리의 삶은 안간힘을 쓰며 "과열"되기도 하고 공연 시간이 지나 떠나버린 얼굴들을 흔적으로 간직한 채, 현재의 삶으로부터 "눈물의 뼈"만 남은 폐허처럼 빈 공간 안에 머물게 된다. 일억 년 전 공룡들의 울음소리와 운석이 날아드는 거리 위에서 흙가루 부서지는 '나'는 "폐허의 몸"이자 시간의 총체성 안으로 스미어 든다. 우리는 현재의 시간을 사는 게 아니라 시간이라는 속성을 관통한 존재로 흘러가고 있는지도 모른다.

　김영곤 시인이 그려내고 있는 '나'는 퇴화한 얼굴(흔적), 사라지면서 더 큰 세계의 입구를 만들어내는 소리, 불안의 벽으로 존재하기 위한 길을 더듬으며 이 순간을 살아가고 있는 것이다. 이 순간 생의 동력은 내가 사라지고 없는(없을) '불안'으로 유지된다. 불안은 흘러가지 못한 채, 속력을 멈추고 머뭇거린다. 그사이 아쉬움과 그리움 그리고 또 다른 욕망은 가면을 쓴 '나'의 얼굴들로 이 폐허를 견디어 내고 있는 중이다.

우린 끊임없이 내가 되기 위한 다양한 갈등과 균열 내지는 죽음의 순간과 직면해야만 하는 것이다. 따라서 폐허 속에서 나의 경험과 기억은 눈속임과 착각일지도 모른다. (「착시, 밀레의 '만종'을 보며」) "멀어질수록 점점 더 커지는 시선"처럼 트롱프뢰유(눈속임, 착각을 일으킴이라는 뜻)인 것이다. 이것을 시인은 여러 편의 시들에서 '소리'에 비유하고 있다. "침묵을 버리고 귀로" 울거나(「송이도 松耳島」), "내 몸이 훤하게 비워"(「달팽이 집」)지도록 울려 퍼지는 "둥근 종소리"(「옹이」)로부터 허물어지는 세계, 종소리는 영혼을 입고 이 순간 "채우고도 또 채워지는" 무한의 세계이자 텅 빈 터널의 중심처럼 우리 앞에 존재한다. 이 텅 빈 집의 주인인 '나'는 "세상에 홀로 제 몸을 세우지 못하는"(「벽이 잠기다」) 것들을 위해 존재한다. 이 세계는 "바닥의 끝에서 하늘 높이 가로막는 벽"처럼 존재하는 '나'를 통해 자란다. 이 안에서 "산과 들이 빼곡히" 자라고 그러기 위해 벽은 바닥 깊이 잠기는 것이다. 바닥을 더듬어 올라가는 담쟁이의 생명력만큼 바닥으로 깊이 잠기는 '나'는 "마지막 몸짓처럼 전력을 다해 고여"(「상자」)있기 위한 안간힘을 쓴다. 그리하여 "전속력으로 내가 벽이 돼"(「벽을 드나드는 남자」)어 집요하게 회전하는 시간과 공간의 굴레 속에서 비로소 "낯선

게 태어난다. 이 순간 존재하는 '나'에게는 "기꺼이 악마에게 그대 영혼을 바칠 만큼" 집착했던 심리적 기제만이 강조된다. 그래서 "가면이었다가 나였다가 억새였다가" 술렁이는 가면과 나 사이에는 끝없이 방황하는 낯선 거리가 존재할 뿐이다. 가면과 나 사이의 거리에는 언제나 '아우성'과 '수치심'이 존재한다. 이것을 깨닫는 순간 '나'는 사라지며, 이것에 타협하는 순간만이 내가 현재의 시간에 머물 수 있다. 이러한 구조가 바로 시인이 그려내는 현재의 시간이자 삶이다. 이렇듯 이곳에서 생의 동력은 '불안'이다. 주체는 끊임없이 이러한 불안과 균열의 구조 안에 놓이게 된다.

그 길에는 "상처로 가파르게 붉어지는 토마토"(「토마토」)처럼 "움푹 짓무른 폐허"가 존재한다. 이곳에서는 눈앞에 보이는 거울 속의 '나'가 아닌 "거울의 뒷면"에서 서성이는 존재가 '나'이다. "텅 빈 외딴집 한 채- 짓무르는 토마토- 함몰된 우두커니"로부터 물을 주러 오는 시간과 공간인 '나'는 "무심을 유심히 들여다"보는 동안 존재하며 동시에 무르익은 토마토와 폐허 속에서 거울 밖으로 사라진 자신과 직면하게 된다. '나'는 시간과 공간으로부터 밀려나는 존재이지만 그 순간만이 '나'로서 존재한다는 것을 김영곤 시인은 말하고 있다. 그러기 위해

지는

토마토

―「토마토」 부분

바구니에 담긴 시들시들한 감자,
노을 물결이 그 발 흉터 다 씻기고 입을 맞춘다
아직 흙바닥에 이삭처럼 남겨진 감자, 그 눈 속엔
젖은 손 흔들며 몇 번이나 뒤돌아보는
노을, 멀어질수록 점점 더 커지는 시선, 그리고
점점 더 싱싱해지는 종소리, 일손 멈춘 부부의
귓가에 채색되자 그림이 완성된다

―「착시, 밀레의 '만종'을 보며」 부분

 

불안을 잠식하기 위해 쓴 "가면"(「가면과 나 사이」)은 나의 의지와 상관없이 하루 종일 웃을 수 있거나 눈물을 들키지 않도록 도와준다. 가면과 나 사이에는 "끝없이 방황하는 낯선 거리"가 존재하지만 불안과 욕망을 팔아넘긴 영혼처럼 우린 이러한 부조리한 균열을 통해서만 진정한 나 자신을 목격하게 되는 것이다. 삶의 부조리와 감정의 균열 속에서 '나'의 얼굴들은 가면처럼 날마다 새롭도록 도와준다.

> 가면과 나 사이, 끝없이 방황하는 낯선 거리
> 가면을 벗으면
> 내 영혼이 뿌리뽑힐 듯 휩싸이는 불안
> 벗다가 내가 벗은 게 가면인지 내 영혼인지
> 파우스트에게 묻는다
> 부와 권력, 사랑을 다 소유하고도 왜 행복하지 못했는지
> 기꺼이 악마에게 그대 영혼을 바칠 만큼 집착했던
> 생애 최고 만족의 순간, 그 순간이
> 고작 자유롭게 살아가는 사람들의 민낯이었는지
> ―「가면과 나 사이」부분

> 텅 빈 외딴집 한 채
> 가장 가깝기에 가장 먼 시야에 자리 잡은
> 무심을 유심히 들여다볼 때
> 자꾸 붉어지는

> 언제부터 짓기 시작했는지
> 모르는 얼굴이 익어갈수록 아는 표정이 허물어

## 3. 퇴화하는 현재 (얼굴, 소리, 벽, 길)

 김영곤의 시들에서 현재란 '나'를 견디는 일이다. 시작과 끝을 알 수 없이 질주하는 통로 안의 '나'는 다양한 얼굴들로 살아가며 파편화된 경험들의 소리에 집착한다. 이것은 통로 안 질주를 막아서는 벽이자 아이러니하게도 '나'들이 태어나기 위한 과정처럼 보인다. '벽'은 고통이자 그 순간의 '나'를 인식하는 출발점이다. 그의 시에서 '길'이란 이러한 고통의 경험으로 존재하는 순간을 말한다. 주체 앞에 펼쳐진 무한의 공간으로서가 아닌 의식적으로 끌어다 앉혀놓은 닫힌 공간, 고여 있는 기억의 경험들에 의해 비로소 '나'로 인식되는 과정이다. 다시 말해 '길'이란 기억으로 환기되는 고통의 순간을 새기는 것이다. 태풍의 눈 주위를 질주하는 삶과 죽음, 소멸과 생성의 동력 한가운데 존재하는 '나'는 다양한 얼굴들과 두 귀를 통해 남아있는 다양한 파편들로부터 벽을 만들며, 고여 있는 길을 더듬는다. 그 길에는 오랫동안 존재해왔던 고통의 흔적만 남아있을 뿐이다. 이 길은 내가 다녀간 폐허와도 같은 시간과 공간으로서의 '몸'처럼 텅 비어 있으며, 우리는 이 길 위에서 언제나 '나'를 잃는다. 이것은 모두 '나'가 아니어서 '나'로서 존재할 수 있

끌어당기며 '화음'으로 자란다. 이 안에서 삶과 죽음 또한 둥글게 순환하며 선택적 경험 안에서 서로의 안과 밖으로 맞물려 있는 것이다. 생을 관통하는 이 '통로'는 마치 '나'라는 육체를 빠져나가는 주체의 자각이며 서로 다른 시간과 공간을 연결하는 나와 타자와의 세계이다. 이 세계는 입구와 출구처럼 '환원'되거나 '호환'되는 둥근 세계이며 그 안은 아직 발굴되지 않은 불멸의 시간과 공간이다. 그 안에서 우리는 소멸하고 또다시 누군가로부터 '호명'되기를 기다린다. "뼈저린 그 날의 기억들"(「변성암」)로, "끈질기게 물고 있는 머리뼈와 이빨들"로 오랜 시간 모래와 진흙의 자갈 더미에서 '너'(타자)의 기억들을 견딘다. 이것은 소멸이 아닌 기다림인 것이다.

 김영곤 시인에게 죽음은 기다림이며 생성의 의미는 곧 소멸을 예감하는 고통의 행위이다. 따라서 '나'는 고통을 예감하는 터널의 '안'이자, 누군가의 시간과 공간으로부터 누락된 '바깥'이 된다. 이러한 그리움과 고통의 굴레는 눈 부신 빛을 간직한 출구이자 입구처럼 내 앞에 놓여 있다. 언젠가 "날 발굴한다면" 또다시 "일렁일" 구멍의 주체인 것이다. 결국 '나'는 너의 기억으로부터 호명된 판타지인 셈이다. 이 구멍의 주체이자 '나'는 좌절과 고통의 순간으로부터 퇴화하기 위해 현재에 머문다.

며 현재의 진정한 자아를 인식하는 동시에 상실하게 되는 것이다. 자신이 빠져나간 터널과도 같은 기억의 통로에서 '경험'은 우리에게 "나는 도대체 누구인가요" 되묻고 있다. 하지만 곧 이 질문조차 뼈아픈 심연으로 가라앉으며 오히려 기억들은 '나'를 지우기 위해 이미 기다리거나 앞서 달려간다.

다시 말해 시인이 그려내고 있는 세계는 '안'이거나 '밖'이 아닌 두 세계가 맞물린 둥근 세계로서 공존한다. 소멸과 생성으로서 맞물린 시간의 동력은 공간의 경계를 무(無)화 시키며 "둥근 화음"(「무의 세계」)처럼 열린 '구멍의 세계'인 것이다. 그곳에서 '나'는 '너'(타자)와 안과 밖에 서 있지만 결국 "같은 배경"에 놓여 흘러가는 시간과 공간을 거느린다. 모두 시간에 파묻혀 흙으로 돌아갈 존재이지만 서로의 안과 밖이 되어 "둥근 화음"으로 만나고 있는 것이다. 이렇게 만들어진 안과 밖, 너와 나 사이에는 진흙처럼 빚어지는 새로운 시간이 존재한다. 이곳에서 나와 너는 입구와 출구처럼 열려 있는 텅 빈 공간으로 서로를 향한 바깥의 터널인 셈이다. 이렇듯 김영곤 시인이 그리고 있는 무(無)의 세계는 '없다'(無)의 의미이기도 하고 '바꾸다'(貿)의 의미이기도 하다. 서로 다른 현재의 순간을 질주하며 마주한 이 '구멍'은 서로를 인에게 시간의 의미는 "진지한 소멸"이자 "장엄한 아픔의 계곡"과 같다. 이곳에서 우리는 자신의 한계와 직면하고 자신으로부터 소멸하기 위해 "제힘으로" 현재의 시간과 공간으로부터 나아간다. (「점」) "우주 시간의 한 점" 마저 나를 지나 멀어지도록 우리는 이러한 시간의 동력으로 미끄러지듯 생을 통과하고 있는 것이다.

　이렇듯 김영곤의 시집에서는 경험의 주체마저 시간인 듯 보인다. 주체적 의지로써 도달한 공간이 아닌 "시간은 사람을 대지 위에 부려놓고"(「두두」) 앞서가고 있는 시간을 인식하게 만드는 소멸의 예감을 일깨운다. 그리고 또다시 "째깍째깍 흙으로 돌아오길" 기다리며 선경험으로서의 공간을 일깨우는 것이다. 그의 시 속 자아들은 "내가 왜 이곳에 와 있나요" 질문하며 고통스러운 기억의 감옥 안에 갇히게 된다. 기억으로부터 파생된 '나'의 고통마저 "시간에 파묻히"며 "흙이 될 때까지 시간은 놀이를 멈추지 않"는다. 자꾸만 사라지는 자아와 숨쉬지 못하는 기억들의 잔해를 어루만지며 자신을 망각해 가는 것, 그것이 시인이 말하고 있는 현재의 시간이다. 김영곤 시인의 시적 자아들은 흘러가는 시간과 공간의 박리(剝離)로부터 불안해하며 기억으로 파생된 다양한 "두두"(심리적 안정감을 제공하는 대상)를 어루만지

네가 날 발굴한다면 날 알아본다면

그때 잠시, 일렁일 것이다

― 「변성암」 부분

김영곤의 시집에서 '터널'의 의미는 "바깥으로 나가려고" 할수록 "빨려 들어가"는 "텅 빈 구멍"과도 같다.(「마법 걸린 터널」) 매화나무의 생명력은 자꾸만 밖으로 뻗어 나가며 '터널'을 통과하는 동안 생명의 동력을 간직한 시간의 영속성으로 빨려 들어간다. 빨려 들어갈수록 밖으로 나가려는 "불멸의 순간"을 간직하게 되는 것이다. "터널 너머"로 "뭉그러진 매화"가 부서지는 시간은 밖으로 나갈수록 "텅 빈" 죽음과 소멸의 공간에 도달할 것을 예감한다. 하지만 주체는 끊임없이 질주하며 그곳을 향하는 동안 자아를 인식하며 현존한다. 이곳의 시간은 "서서히 부서지며" 환하게 다가오는 "불그레한 봄"으로 또 다시 시작되며 결코 "줄어들지 않"고 반복되는 텅 빈 굴레가 된다. 또한 초록 벌판의 나뭇잎처럼(「나뭇잎」) 생명력을 키우다 "점점 넓혀가는 이파리의 무덤"이 되어 가는 삶을 "가없는 허공의 무덤"으로 바라보며 생(生)과 사(死)로 공존하는 시간과 공간을 가둘 수 없음을 일깨운다. 이 공존의 동력을 애틋함과 눈부시게 바라보는 시

안에 있을까 밖에 있을까
조금 떨어져서 보면 우린 같은 배경인데
흙 속의 너는
흙을 찢으며 밀어내며 때론 흙을 씹으며 서서히
세상이 모르는 둥근 화음으로 자라고 있다
(중략)
밖에 있을까 안에 있을까 너와 나 사이에
진흙을 빚어 굴리며 뛰노는 아이들이 끝없이 쏟
아져나온다

누군가가 태엽처럼 돌리다가
단번에 뽑는다
안과 밖이 뒤섞인다
뽑힌 것은 너일까 나일까
아니면 구멍이었을까

  　　　　　　　　　　―「무의 세계」 부분

기억에 갇힌 뼈들을 꺼내
가장 캄캄한 깊이의 마그마를 꺼내 열을 지핀다
몸의 생각과 알갱이와 구조를 바꾸고
울음 무늬가 줄줄이 굳어 된 암석의 얼룩

허공을 쪼개며 찢어진다
　　　열다섯 열여섯
자주 물에 빠졌고 떠오르지 않는 기억이 있다
(중략)
우주 시간의 한 점이 나를 지나 점점 멀어지고 있다

　　　　　　　　　　　　　　　　－「점」 부분


내가 왜 여기에 와 있나요
끊임없이 되묻지만 시간은
초침 터널을 입에 물고
사람 한 타래, 심연으로 내던진다
한 번쯤은 이런 뼈아픈 감옥에 갇혀야 해

한사람이 구석에 납작 붙어 울고 있다
내가 왜 자꾸 사라지나요, 묻다가 시간에 파묻힌다
눈에서 흙이 되지 못한 모래가루가 흐른다
손가락 사이로 가루가루 부서지는 눈물들
어떤 모래는 너무 단단해서 긁히며 울 수밖에 없다

　　　　　　　　　　　　　　　　－「두두*」 부분

더 매달린다 발밑 바깥으로

꿀이 새어나가는 줄 모르고

―「마법 걸린 터널」 부분

진지한 소멸

장엄한 아픔의 계곡

별들도 맘껏 울고 싶은 날엔

여기로 찾아와 필생의 눈물 터뜨린다

가슴 탁 트일 때까지

하늘도 잠시 계곡물에 갇힌다

―「나뭇잎」 부분

잎

꽃잎

벚꽃잎

내 꽃잎들

절벽 끝에 서서

하얀 꽃잎 하나씩

제힘으로 톡, 따서

제힘으로 밀고 간다

    하나 또 하나

## 2. 시간의 구멍

안에서 자꾸만 만들어지는 출구는 또 다른 안이 된다. 벗어날수록 빨려 들어가는 통로의 이미지는 채울 수 없는 구멍처럼 우리 앞에 놓여 있다. '나'는 이 불멸의 순간으로부터 입구와 출구를 만들어낸다. 그럴수록 텅 빈 시간과 공간의 굴레에 갇혀 무의미해지는 것이 내가 살아가고 있는 현재의 '세계'인 것이다. 이렇게 환하게 부서지는 터널의 바깥에 김영곤 시인의 '나'들은 머물러 있다. 마치 태풍의 눈처럼, 물에 던진 돌이 그려내는 동심원 그 한가운데 깊이 가라앉은 심연의 어둠 속으로 '나'는 질주하고 있다.

> 터널 속으로 들어간다
> 안으로 안으로 불멸의 순간인 듯
> 굉음을 내며 빨려 들어간다
> 채우고 채워도 뒤집으면
> 텅 빈 구멍
> 꼭 쥐면 어둠이 길어진다
> 구멍의 구멍에 매달린 손가락들
> 갈라지고 막히는 구간마다

누운" 존재에 비유한다. 타고 없어질 초가 아닌 언제나 불꽃을 피우기 위한 '촛대'로서 존재한다. 수많은 삶과 죽음의 경험들이 한 페이지의 이야기로 타들어 가는 동안 "단풍잎"으로 스러지는 '가을'과 심지에 "불꽃"을 기다리는 '나'는 그것들의 삶과 죽음을 고스란히 받아내는 "격렬한 독자"가 된다. 여기서 종결형 "믿는다"는 여러 의미를 함의하고 있다. "골목길로 젖어오는 당신"과의 '경험', "단풍을 굴려대는 벚나무"의 '시간', "푸른 각서만 쓰면 언제든지 불을 지펴준다"는 '욕망', "꼭 다시 돌아오겠다고 바스락거리는 당신"의 '죽음'은 모두 "믿는다"의 종결형 안에서 우리에게 주어진 시간과 공간에 대한 삶의 의지를 담아낸다. 그리고 다시 한번 "죽지/ 않는다"를 통해 더욱 강조한다.

불꽃에 녹은 촛농은 또 다른 불꽃으로 타오른다. 시인은 우리에게 촛농으로 얼룩진 '촛대'처럼 누워 '촛농'이 녹는 동안 소멸과 동시에 다시 일으켜 세워야 하는 불꽃의 의지를 함께 경험하게 한다. 또한 '경험한다 – 믿는다 – 죽지 않는다'를 통해 시인은 우리에게 현존하는 자아를 묘사하고 있다. 이 불멸의 순간이 곧 '나'인 셈이다.

간 안에 갇히게 된다. 또는 텅 빈 시간으로 열린다. 마치 도달하지 못할 생의 질주만이 존재한다는 듯 김영곤 시인의 시들을 읽는 동안 우리는 끊임없이 펼쳐지는 바깥 터널을 마주하게 된다.

'나'는 "매 순간 사과에게로 떠나지만"(「별빛 사과」) 그 속엔 "씨방이 펼쳐"지듯 결국 '사과'에 도달하지 못한 채 또 다른 사과 앞에 놓여 있다. "아직도 사과의 바깥"을 서성이는 존재로서 생을 관통하는 중이다. 또한 '나'는 "이천 삼백 년 수령"(「고목 터널」)의 고목 터널에 기대어 자라는 "사슴벌레, 장수하늘소, 장수풍뎅이"와 "애벌레" 들처럼 나무 속살을 먹고 알을 낳기 위해 만들어진 터널의 주체이자, "무수한 주검의 터널"을 통과하는 존재인 것이다. "끊임없이 터널이 뚫리고 있다"의 의미는 능동적 행위의 강조라기보다 이러한 시간과 공간 앞에 놓인 존재의 은유인 셈이다.

시인은 이런 우리에게 "서슬 푸른 터널을 어떻게 견뎌 왔을까"(「촛농이 녹는 동안」) 말을 건넨다. 불꽃이 타다 남은 촛농이 다시 녹기 위해 또다시 불꽃이 필요하듯 우리는 꽃이 지기 위해 꽃을 피워야 하며, 서슬 푸른 터널 안에서 천 겹의 곰삭힌 불씨를 가진 존재가 되어야 한다. 김영곤 시인은 이러한 '나'를 촛불이 아니라 "촛대처럼 나는 문 앞에 서 있는 '나'인 셈이다. 따라서 '나'는 항상 안으로 들어서지만 펼쳐지는 문 앞의 손잡이를 돌리며 또 다른 문밖이 되기도 한다. 그 안에는 멈추지 않고 흐르는 시간의 동력이 자아를 밀어내거나 끌어당기고 있다. 마치 '세계'는 "들짐승"처럼 길들여지지 않은 채 '나'는 이 세계의 "미끼"처럼 끊임없이 안과 밖으로 순환하는 '야생의 입구'에 놓여 있는 것이다. 그러므로 "들짐승처럼 길들여지"고 "안으로 갇히기 위해" 지치지 않고 "바깥에 서 있"어야 하는 아이러니가 또한 그의 시에서 중요한 동력이 된다.

'나'는 하루에도 수십 터널을 지나는 주체가 된다.(「터널」) 그 속에서 삶과 죽음은 공존한다. 죽음 앞에 놓인 "아버지"와 이 시간을 통과하는 내가 동시에 품어야 하는 시간과 공간은 "지난다- 넘었다- 품었다- 환하다"의 종결형에서 알 수 있듯이 죽음의 관통이자 삶의 관통이다. 이 순간 삶의 의미는 시작과 끝이 아닌 '통과'의 의미이며 내 속에 심은 한 그루의 "아버지"처럼 '나'는 삶과 죽음을 관통하는 터널로서 존재하게 된다. 여기서 시작과 끝은 무의미해진다. "출구가 일출처럼" 내 앞에 놓인 끝나지 않을 시간과 공간인 것이다. 이 속에서 우리의 삶과 죽음은 "화르르 담겨지는 항아리"와도 같이 텅 빈 공

피우고 싶었나 단풍은, 손바닥만한 불꽃 하나만으
로도 골목길의 이마가 따뜻해 빨간 입술 하나만으
로도 진흙 같았던 시선을 꿈틀거리게 해 절망이 모
자랐던 골방에서 내게 부치지 못했던 편지인지 몰
라 너무 많아져 버린 내가 심지 없는 촛대처럼 누운
자리에 단풍 한 페이지가 불 지피며 같이 눕고 있다
　　　　　　　　　　　　　 —「촛농이 녹는 동안」 부분

　김영곤 시인에게서 '바깥'은 '나'라는 존재를 확인해주
는 타자이자, 나를 둘러싼 '세계'이다. 이 세계는 정형화
되거나 정지된 공간으로서 존재하지 않는다. 내가 아닌
(또는 되지 못한) 것들이 빠져나간 출구이자 내가 되기
위해 달려가는 입구이다. 즉 '바깥'은 끊임없이 현재의
'나'를 몰아내는 통로이자, 저 너머 '나'의 존재를 인식하
기 위해 빨려 들어갈 통로이다. 이러한 논리는 "너의 안
으로 갇히기 위해"(「바깥에서」) 존재하는 '나'와 같은 것
이다. '바깥'은 "나를 미끼로 던져둔" 채 기다리는 야생
의 세계이며, 끝없이 펼쳐지는 존재 확인의 공간 저 너
머의 '나'이자, '타자(세계)'이기도 하다. 시인은 양립할
수 없는 이 두 공간을 경계와 차이로서 바라보지 않고 공
존하는 중첩의 세계로 바라본다. 들어서면 또다시 나타

매 순간 사과에게로 떠나지만

별 모양의 씨방이 펼쳐진다

사과처럼 앉아 있는 당신은
사과가 아니다 그 사과는 언제나 시간의 맨 앞에 있다
-「별빛 사과」부분

사슴벌레, 장수하늘소, 장수풍뎅이들이
터널을 뚫고 알을 슨다 애벌레들이
나무 속살을 먹는 만큼 터널이 자란다
그들은 터널을 뚫어야 하는 존재이면서
무수한 주검의 터널을 통과해야 한다
우주의 한 그루 지구에서
수십억 생사의 손길에 따라
여기저기 끊임없이 터널이 뚫리고 있다
-「고목 터널」부분

그 서슬 푸른 터널을 어떻게 견뎌왔을까 천 겹으로 곰삭힌 불씨를 가졌나 제 몸을 장작 삼아 꽃을

잡이다

   문을 열면 열려야 할 바깥이 끊임없이 다시 쏟아져 나오고

   나는 언제나 바깥에 있는 중이다

―「바깥에서」 부분

   병실에서 나무의 식은 손을 만져본다 절단된 둘째손가락, 벌거벗은 터널이라고 읽어본다 손가락이 없다는 건 톱밥이 없다는 것, 방아쇠를 당기는 부위 여태껏 아무도 묻지 않았다

   심장 박동으로만 행간을 읽을 수 있는 아버지

   저 왔어요, 한 마디에

   잠시, 진한 나무 냄새가 났다

   마지막 터널에서 톱밥 화르르 담겨지는 항아리,

   출구가 일출처럼 무척 환하다

―「터널」 부분

   사과의 피가 흐르고 있습니까 아직도 사과의 바깥입니까

   밀어내고 있다

을 통과하는 중이다. 그 순간 흘러가고 없는 '나'는 이미 반대편의 터널에도 존재하게 된다. 따라서 현재의 '나'는 아쉬움과 그리움이며 미끄러지듯 흘러가 버린, 밖을 향한 과거의 시간이 된다. 그렇다면 '나'는 이 질주를 멈출 수 있을까. 시인은 미끄러지듯 현재의 시간과 공간을 빠져나가는 '나'의 내부를 들여다본다. 그곳은 나를 통과한 경험과 기억들로 존재하지 않는 비현실적 시간과 공간처럼 현존하는 것이다. 따라서 그의 말처럼 끊임없이 바깥은 안이 되고, 안은 언제나 터널의 출구처럼 텅 비어 있다.

이렇듯 그의 시들은 안에서 밖으로 자리를 바꾸는 하나의 텅 빈 구멍의 이미지를 닮는다. 아니 품는다. 그 '안'은 이미 지나온 텅 빈 의미의 시간(기억)과 공간(얼굴) 밖으로부터 밀려난 또 다른 '밖'이 되어 가는 중이다. 이 시집의 제목이 터널 '안'이 아닌, '바깥' 터널인 이유이다. '나'는 터널을 통과하며 빨려 들어가는 '안'과 곧 소멸하게 될 '바깥'으로 존재하며 끊임없이 생성하고 소멸하는 터널 사이에 놓여 있다.

    너는 더 이상 바깥이 아니다 죽지도 않고 멈추지도 않는 야생이다 서슬푸른 칼날이며 문을 여는 손

# 둥근 바깥으로의 질주, 구멍을 품다

박선경(시인)

## 1. 공간의 바깥

김영곤의 시집 『둥근 바깥』을 읽는 동안 우리는 '나'라는 세계를 향해 전속력으로 질주한다. 어둠 속 무(無)의 공간에서 빛으로 나아가고자 하는 길은 하나다. 터널의 안과 밖의 경계를 구분하는 무의식과 그곳으로부터 나아가려고 하는 '나'는 이러한 무의식과 행위에서 비롯된 갈등의 파생물처럼 그려진다. 다시 말해 단순히 터널을 지나는 행위의 주체자이기보다 시간과 공간, 과거와 미래를 연결하며 흘러가는 이미지로서의 '통로' 그 자체가 '나'인 것이다. 김영곤의 시집 속 '나'는 이 지점에서 출발한다. '나'는 바깥을 향해 질주하는 동력인 동시에 이미 과거가 된 경험을 내재한 현존하는 주체가 되어 터널

해설